Sr. Maria Ignatia Langela SMMP

Umarmt vom unendlichen Leben

hören | schauen | schweigen

Sr. Maria Ignatia Langela SMMP

hören | schauen | schweigen

Umarmt
vom unendlichen Leben

Butzon & Bercker

Bibliografische Information der Deutschen Nationalbibliothek

Die Deutsche Nationalbibliothek verzeichnet diese Publikation in der Deutschen Nationalbibliografie; detaillierte bibliografische Daten sind im Internet über http://dnb.d-nb.de abrufbar.

Das Gesamtprogramm von Butzon & Bercker finden Sie im Internet unter www.bube.de

ISBN 978-3-7666-3560-0

© 2023 Butzon & Bercker GmbH, Hoogeweg 100, 47623 Kevelaer, Deutschland, www.bube.de
Alle Rechte vorbehalten.
Umschlaggestaltung, Layout und Satz:
Tanja Manden, Kevelaer

Inhalt

8 Geleitwort

12 Vorwort

Der Mensch – kostbar und einmalig

16 Der Mensch – ein Gedanke Gottes

18 Gottes Tempel ist heilig, und der seid ihr. (1 Kor 3, 17)

20 Global vernetzt und doch individuell

22 In jedermann ist etwas Kostbares,
das in keinem andern ist. (Martin Buber)

24 Offen für eine neue Wirklichkeit

Der Mensch und der Ewige

28 Gott will im Dunkel wohnen

30 Mein Gott ist der verwundete Gott. (Tomáš Halík)

32 Der alte Bund immer neu

34 Der Kosmos als Altar

36 Der Weg zu allem Großen geht durch die Stille.
(Friedrich Nietzsche)

Das Heilige im Alltag

40 Der Ort, wo du stehst, ist heiliger Boden. (Exodus 3, 5)

42 Herr der Töpfe und Pfannen

44 Mandala im Alltag

46 Verwandlung

48 Spuren im Alltäglichen

Halt und Haltungen

52 Was gibt Halt?

54 Trotzdem

56 Fest verankert – trotz allem

58 Auf Augenhöhe

60 Offen für das, was kommt

Wer bin ich?

64 Du bist der Eine und der Andere

66 Geknickt und aufgerichtet

68 Geliebt vor jeder Leistung

70 Verwundet. Geheilt?

72 Zwei Botschaften

Mehr erleben als begreifen

76 Einmalig im ganzen Kosmos

78 Dynamik des Lebens

80 Blühen, um zu blühen

82 Amazing Grace

84 Was es ist

Einladungen

88 Komm doch!

90 Schau doch!

92 Nur Mut!

94 Sich entwickeln, sich öffnen, sich verschenken

96 Aus der Enge in die Weite

Schöpfung

100 Geheiligte Erde

102 Gott schläft im Stein

104 Zart und stark

106 Ich lebe mein Leben in wachsenden Ringen.
(Rainer Maria Rilke)

108 Überdies hat er die Ewigkeit in alles hineingelegt.
(Kohelet 3, 11)

Stimmig

112 Vergänglich und heilig

114 Und siehe, es war sehr gut. (Genesis 1, 31)

116 Glanz von innen

118 Alles ist austragen – und dann gebären

120 Endlich und unendlich (Quadrat und Kreis)

Behütet

124 Das Irdische hinauflieben

126 Unter Deinen Flügeln finde ich Schutz

128 Breite über uns das Zelt deines Friedens

130 Hab keine Angst!

132 Durch Liebe und Leid zur Vollendung

134 Anmerkungen

136 Quellennachweis

137 Bildnachweise

137 Dank

138 Autobiografische Notizen

Geleitwort

Die Künstlerin Ignatia Langela SMMP:
Eine persönliche Vorstellung

1991 rief ich in der Engelsburg in Kassel an und bat, mit der Schulleiterin verbunden zu werden. Es war der Höhepunkt der Lehrerarbeitslosigkeit, ich war gerade Vater geworden und befand mich in einer scheinbar ausweglosen akademischen und privaten Situation: „Wann können Sie da sein?" Nach einer eiligen Fahrt von Paderborn nach Kassel traf ich auf die Frau, deren Stimme am Telefon mich so neugierig gemacht hatte. Sie strahlte radikale Bejahung ihrer Mitwelt aus, Interesse an jedem Einzelnen ihrer Schülerinnen und Schüler, Intellektualität und ein Ausmaß an praktischer Organisationsfähigkeit, welches sie befähigte, das Technische der Leitung einer Schule mit mehr als tausend Schülern wie Spielerei aussehen zu lassen. Aber die äußerst informierte Chefin dieses Betriebes ließ keine Gelegenheit ungenutzt, zu zeigen und zu sagen, dass der gut organisierte Betrieb nur ein Mittel des Dienstes ist, damit geschehen kann, was eigentlich geschehen soll. Darauf verwandte sie den größten Teil ihrer Zeit. Nie zuvor hatte ich einen Schulleiter gesehen, der stundenlang täglich die Tür für Gespräche mit Schülerinnen und Schülern geöffnet hielt!

Ich kam an die Engelsburg ein Jahr, nachdem Sr. Ignatia Schulleiterin geworden war. Zuvor hatte sie in Exerzitien ihr Programm für diesen Lebensabschnitt gesucht: „Alles wahre Leben ist Begegnung." Diese Überzeugung Martin Bubers wurde Sr. Ignatias Leitwort. Nicht zufällig hatte sie ihren Ordensnamen nach dem Ordensgründer der Gesellschaft Jesu gewählt: Ignatius von Loyola lebte in der Überzeugung, dass Gott selbst in der Endlichkeit und Bedingtheit der persönlichen Biografie von endlichen und bedingten Menschen so wirkt, dass etwas entstehe, was nur durch diesen einen besonderen Menschen entstehen kann. Individualität, Biografie und Freiheit, diese im Katholizismus oft nicht übermäßig geschätzten Ideen bekommen bei Ignatius von Loyola ein ungeheures Gewicht: Ein Mensch kann die Ehre Gottes vermehren und vergrößern, weil nur sie oder er in seiner oder ihrer Individualität die Größe und Herrlichkeit Gottes in eben der individuellen Art spiegeln kann, die ihm oder ihr alleine entspricht. Wer so denkt, nimmt das eigene Leben unendlich ernst und weiß doch zugleich: Diesen Ernst könnte er oder sie weder tragen noch ertragen, wenn nicht Gott selbst diesen Prozess mit der Leichtigkeit seiner Schöpferkraft trüge. Wo beides sich verbindet – unbedingter Ernst und grundlose Heiterkeit in hoffender Zuversicht –, da bekommen wir eine Ahnung von dem produktiven Grund im Leben der Ordensfrau, Lehrerin, Schulleiterin, Bildungsreferentin und Künstlerin Ignatia Langela SMMP.

Es muss so um das Jahr 2006 gewesen sein, dass Sr. Ignatia irgendwie an Leinwand und Farben kam. Ihre Fähigkeit, komplexe Prozesse erstaunlich schnell und einfach zu mathematisieren, und ihre unermüdliche Aufmerksamkeit auf individuelle Lebensgeschichten und menschliche Biografien in ihrer Vielfalt, Brüchigkeit und verborgenen Herrlichkeit, diese beiden einander doch scheinbar zunächst ausschließenden Begabungen scheinen in der Art, wie Ignatia mit Farbe und Material umgeht, in einen produktiven Versöhnungsprozess einzutreten. Die große Verheißung der Physik, es lasse sich eine Entsprechung von Geist und Materie mathematisch abbilden, taucht als Gedankenspiel in Ignatias Schaffen immer wieder auf. Aber die geometrischen Figuren und Zahlenspiele treffen auf die auf den ersten Blick schwerlich mathematisierbare Struktur von *Amate*-Papier oder die scheinbar völlige Unvorhersehbarkeit von Titanspritzern. Dabei geht es aber nicht um den Konflikt zwischen Kontingenz, Zufall und Willkür auf der einen und Gesetz und Berechnung auf der anderen Seite. Die Physikerin Ignatia Langela, die ihren Physikprofessor schon als Mitzwanzigerin mit ihrer Beharrlichkeit und Inspiriertheit so sehr beeindruckte, dass eine lebenslange Freundschaft daraus entstand, neigt in keiner Weise dazu, das Reich der vermeintlichen Freiheit gegen die naturwissenschaftliche Determiniertheit der Welt ausspielen zu wollen. Wie viele Physiker weiß sie sehr viel mehr und genauer um die Unzulänglichkeit unserer Modelle natürlicher Prozesse. Das Wechselspiel von Geist und Materie ist niemals zulänglich erfasst, wo der Geist sich nicht seiner selbst in der Begegnung mit der Materie innewird. So schaffte Ignatia aus der Physik und der Mathematik den Sprung in die geistliche Reflexion. Geistliches und naturwissenschaftliches Empfinden und Denken schwingen bei ihr immer miteinander.

Bisweilen sind es nachgerade kindlich-trotzig wirkende, einfache Symbole, mit denen sie so etwas wie Gedankenkunst darbietet mit Acryl auf Leinwand und immer vor einem farblichen Hintergrund, der ein Gespür vermittelt einerseits für Buntheit und Vielfalt, andererseits aber auch für Uneindeutigkeit und Vieldeutigkeit: Da sieht man einen idealtypischen Anker, der im changierenden Grün festen Halt verheißt, Spiralen, die Wege der Einkehr bezeichnen mögen, Pflöcke, die nirgendwo eingerammt sind und Sicherheit zu geben scheinen. Doch noch ein religiöses Symbol taucht emblematisch wiederkehrend auf: Der stilisierte Flügel eines Engels weckt die Erinnerung an den 91. Psalm und damit die Verheißung, dass diese oft verwirrende Zumutung individueller Lebenswege nicht in die Auflösung führt. Im bewegten Bunt des Lebens formt sich des Engels Flügel als verheißendes Zeichen der tragenden Nähe und Unmittelbarkeit des personalen Ursprungs und Ziels allen Seins.

Seit 2014 experimentiert die Künstlerin mit der Farbe *Power-tex*, die im ausgehärteten Zustand bronzeartig erscheint. Es gelingt ihr die Gestaltung dreidimensionaler Figuren, die häufig grundlegende existenziale Situationen darstellen; manchmal wünschte man dem Gewicht ihrer Aussagen ein gewichtigeres Material. Dass sie nicht mit Bronze hantiert, hängt wohl auch mit Sr. Ignatias ausgesprochener Sparsamkeit zusammen, deren künstlerische Seite der Maxime entspricht: Suche dein Wertvollstes im Geringsten zu verwirklichen! Ich habe sie nie anders erlebt denn als eine Frau, die den großen Auftritt und die eindrucksvolle Inszenierung ablehnte, die immer darauf vertraut hat, dass Bedeutung und Sinn auch und vor allem da sich entfalten, wo nicht zu imposant, aufwendig und teuer an der glänzenden Inszenierung gearbeitet wird. Das Eigengewicht von Material und Technik tritt hinter dem Gewicht des Gedachten deutlich zurück. In einer gewissen Weise spiegelt sich auch darin die Erfahrung und Praxis der Ordensfrau, der Lehrerin und Schulleiterin wider: Gute Gedanken und richtige Einsichten sind immaterieller Natur und werden durch ein Zuviel an Technik und die Gravität des Materials möglicherweise behindert.

In allem sucht Sr. Ignatia den versöhnend-versöhnten Blick auf Details, auf Menschen, auf Dinge und Verhältnisse.

Prof. Dr. Ralf Miggelbrink, geboren 1959, ist Professor für Systematische Theologie an der Universität Duisburg-Essen in Essen, verheiratet, 3 Kinder

Vorwort

In der Nacht von Palmsonntag auf Montag in der Karwoche 2021 habe ich drei Stunden wach gelegen, und morgens war mir klar: Ich beginne jetzt einfach. Gäste hatten mich immer mal wieder gebeten, zu den Fotokarten meiner Bilder Texte anzubieten; manche regten ein Buch an.

Wie immer, wenn ich einen starken Impuls spüre, habe ich mich gefragt: Gibt es einen guten Grund, es nicht zu tun? Da ich keinen fand, habe ich gleich am Montagmorgen eine Gliederung entworfen mit 10 Kapiteln zu je 5 Bildern. In den folgenden 14 Tagen sind mir viele Texte wirklich zugeflogen. Atemberaubend, aber irgendwie auch selbstverständlich-unaufgeregt.

Nach 40 Jahren Lehrerdasein ist meine Aufgabe, für unsere Gäste da zu sein. „Was suchen Menschen in einem Kloster, die eine Auszeit brauchen oder sich gönnen?", habe ich mich gefragt. Unsere Gottesdienste und Seminare waren und sind wesentlich von Worten und Gesang geprägt. Nun hat aber jeder Mensch auch Hände und Augen und, da wir Ebenbild des großen *Creators* sind, eine kreative Begabung. So habe ich am ersten Tag nach meiner Pensionierung an einem Steinmetzkurs teilgenommen (siehe S. 22). Ich wollte sozusagen am eigenen Leib erfahren, wie ein unbehauener Stein zu mir „spricht".

„Wenn ihr einmal etwas gestalten dürft, umgebt euch mit Bildern, von denen ihr euch prägen lassen möchtet." Das sagte Pfr. Bühling in den 80er-Jahren in einem Gottesdienst im Engelsburg-Gymnasium in Kassel, in dem ich 34 Jahre gelebt und gearbeitet habe. Er kam mit einem Bild unter dem Arm in die Kapelle; es war ein Chagall-Bild. Welches, weiß ich nicht mehr, und was er dazu gepredigt hat, auch nicht. Aber diesen Impuls habe ich bis heute nicht vergessen. Deshalb meine Einladung mit diesem Buch: Schlagen Sie irgendeine Seite auf und schauen, hören und schweigen Sie. Nehmen Sie wahr, ob ein Wort, eine Farbe, eine Form oder Komposition, der Titel oder ein Gedanke zu Ihnen spricht. Solche Resonanzstellen könnten die Frage wachhalten: Wovon möchte ich mein Leben prägen lassen?

Da ich nicht Kunst studiert habe, könnte dieses Buch auch ermutigen, selbst einen dicken Pinsel in die Hand zu nehmen und zusätzlich zu diversen Farben vielleicht einen Spachtel oder eine alte CD bereitzulegen. Sie werden merken, welch magische Anziehungskraft von einer makellos weißen Leinwand ausgeht, und erstaunt sein, welcher Genuss nach vollbrachter Tat auf Sie wartet. Winston Churchill schreibt: „Einfach nur zu malen macht riesigen Spaß. … Sollten Sie es noch nie getan haben, probieren Sie es – bevor Sie sterben."[1]

Sr. Maria Ignatia Langela SMMP
31. Januar 2022, mein 77. Tauftag

Der Mensch –
kostbar und einmalig

Der Mensch – ein Gedanke Gottes

Gottes Tempel ist heilig, und der seid ihr

Global vernetzt und doch individuell

In jedem Menschen ist etwas Kostbares

Offen für eine neue Wirklichkeit

Der Mensch – ein Gedanke Gottes

Der himmlische Vater hat an mich gedacht,
ich war bei ihm als sein Eigentum von Anbeginn der Welt.
Ich wurde geboren aus seinem reichen, göttlichen Leben
und aus dem Denken seines Herzens.

Ode 41, 7–9
Die Oden Salomos (etwa 130 n. Chr.)

◄ 30 x 100 cm, 2019
Acrylfarbe, Sand, Facettengold

Gottes Tempel ist heilig, und der seid ihr.

1 Korinther 3, 17

Ich ehre den Platz in dir,
in dem das gesamte Universum wohnt.
Ich ehre den Platz des Lichts,
der Liebe, der Wahrheit,
des Friedens und der Weisheit in dir.
Ich ehre den Platz in dir,
wo, wenn du dort bist
und auch ich dort bin,
wir beide eins sind.

Mahatma Gandhi (an Albert Einstein)

◀ 50 x 50 cm, 2020
naturgeschöpftes Papier, Strukturpaste

Global vernetzt und doch individuell

Mit Maus und Fingerkuppe lösen wir Beschaffungs- und Produktionsprozesse in fernen Ländern aus. Wir bedienen uns im Kaufhaus der Welt. Unsere Smartphones kommunizieren mit Garagentoren, Rollläden, Heizanlagen und Haushaltsgeräten. Das sich selbst verwaltende Haus mit der selbst einkaufenden Waschmaschine … wird Wirklichkeit. Vernetzte Teile werden überwacht, aus der Distanz gewartet und zurückgeordert. Straßen kommunizieren mit Fahrzeugen und Gebäude mit Energieerzeugern. Häuser können dem Kurier melden, ob jemand zu Hause ist, um die bestellten Waren in Empfang zu nehmen. Hersteller greifen auf Daten der Konsumenten zurück oder binden diese direkt in den Produktionsprozess mit ein – als Designer sozusagen. Das verringert den Abfall, denn es wird produziert, was gefällt.

Wolfgang Lehmacher
verantwortlich für den Bereich Logistik und Transport beim WEF

Fürchte dich nicht,
denn ich habe dich ausgelöst,
ich habe dich beim Namen gerufen,
du gehörst mir.

Jesaja 43, 1[1]

In jedermann ist etwas Kostbares,
das in keinem andern ist.

Martin Buber

Niemand hat deine Fingerabdrücke.
Niemand hat deine Stimme.
Niemand sagt so „Ich liebe dich" wie du.
Niemand glaubt wie du.
Niemand denkt an das Sterben wie du.
Niemand hat deine Geschichte.
Niemand spürt die gleiche Trauer, das gleiche Glück wie du.

Niemand ist wie du, niemand in Deutschland,
auf der Erde, in der Milchstraße.
Niemand, weil du einmalig bist.

Einmalig zu sein bringt auch Einsam-sein mit sich.
Es gibt Stunden, da spürst du,
dass dich niemand versteht.
Du sinkst auf den Grund in dir.
Auch deine Schmerzen und Ängste
sind ganz deine eigenen.
Niemand erlebt sie so wie du.
Viele Menschen wünschen sich jemanden,
der etwas versteht von den Zusammenhängen
zwischen Leiden und Wachsen.
Vielleicht sollst du dieser Jemand sein.

Gott hat deinen Namen in seine Hand geschrieben.
Er nennt dich bei deinem Namen.
Gott bewegt nicht die Massen,
sondern zielt auf dein Herz in der Masse.

Nach Ulrich Schaffer

Auszug aus der Rede Karl Rahners am 12. Februar 1984 zur Feier seines 80. Geburtstags, wenige Wochen vor seinem Tod am 30. März 1984:

Wenn die Engel des Todes all den nichtigen Müll, den wir unsere Geschichte nennen, aus den Räumen unseres Geistes hinausgeschafft haben, wenn alle Sterne unserer Ideale, mit denen wir selber aus eigener Anmaßung den Himmel unserer Existenz drapiert hatten, verglüht und erloschen sind, wenn der Tod eine ungeheuerlich schweigende Leere errichtet hat und wir diese glaubend und hoffend als unser wahres Wesen schweigend angenommen haben, wenn dann unser bisheriges, noch so langes Leben nur als eine einzige kurze Explosion unserer Freiheit erscheint, die uns wie in Zeitlupe gedehnt vorkam, und wenn sich dann in einem ungeheuren Schrecken eines unsagbaren Jubels zeigt, dass diese ungeheure schweigende Leere, die wir als Tod empfinden, in Wahrheit erfüllt ist von dem Urgeheimnis, das wir Gott nennen, und wenn uns dann auch noch aus diesem weiselosen Geheimnis doch das Antlitz Jesu, des Gebenedeiten erscheint und uns anblickt, dann, dann so ungefähr möchte ich nicht eigentlich beschreiben, was kommt, aber doch stammelnd andeuten, wie einer vorläufig das Kommende erwarten kann, indem er den Untergang des Todes selbst schon als Aufgang dessen erfährt, was kommt.

Nach Karl Rahner

◀ 80 x 100 cm, 2019
Sand, Acrylfarbe, Titanspritzer[2]

Der Mensch

und der Ewige

Gott will im Dunkel wohnen

Mein Gott ist der verwundete Gott

Der alte Bund immer neu

Der Kosmos als Altar

Der Weg zu allem Großen geht durch die Stille

Gott will im Dunkel wohnen

Damals sagte Salomo:
Der HERR sprach, er wolle im Dunkel wohnen.

2 Chronik 6, 1[3]

Oft ist das Dunkel nur negativ besetzt. Aber es gibt auch eine andere Erfahrung: Dunkelheit als Wohnort des Geheimnisses, der Intimität, als Ort der Liebenden, als Ort Gottes.

Im Dunkeln können wir nichts sehen oder weniger, meinen wir. Aber im Gegenteil. In der Nacht sieht man viel mehr! Wir sehen viel weiter, wir sehen die Sterne, die Tausende von Lichtjahren entfernt sind, wir sehen unser kleines Leben im Zusammenhang des unermesslichen Universums. Während des Tages sehen wir klarer, schärfer; wir können die Dinge sogar anfassen und messen. Aber wir sehen doch wenig, nur das, was uns unmittelbar umgibt.

Sr. Maria Ignatia Langela SMMP

Wissen wir wirklich, was das ist: „Nacht"? – wenn Menschen sehen und haben keine Aussicht, und ihre Träume sind tot, und die Welt ist ein gähnendes Loch? Und ihre Hände suchen nach Halt und finden ihn nicht, und jeder Morgen beginnt nicht mit einem Sonnenaufgang, sondern mit einer immer neuen Sonnenverfinsterung? Diesen Menschen der Nacht, sagt das Evangelium, ist Christus erschienen als Licht, das leuchtet im Dunkeln; über denen, die Gott nie kannten, „über das Volk, das in Finsternis wandelt, strahlt ein helles Licht auf". Dieses Wort des Jesaja (9,2) ist erfüllt seit dieser „Nacht" von Bethlehem.

Eugen Drewermann

◀ 80 x 100 cm, 2020
Acrylfarbe, Jute, Hanf, Titanspritzer[2]

Mein Gott ist der verwundete Gott.

Tomáš Halík

Ich habe gelernt, viele verschiedene Pfade zu respektieren, auf denen Menschen zum letzten Geheimnis des Lebens vorzudringen versuchen. Für mich gibt es keinen anderen Weg, kein anderes Tor zu Ihm, als dasjenige, das von einer verwundeten Hand und einem durchstochenen Herz geöffnet wird. …
Mein Gott ist der verwundete Gott.

Tomáš Halík

◀ 50 x 60 cm, 2021
Acrylfarbe, Textil

Der alte Bund immer neu

Das Leben hier ist schön,
in all seinem Realismus schön;
volle Kommunion mit dieser Welt,
dieser konkreten Schöpfung von heute.

Wenn wir von der Schöpfung Gottes sprechen,
denken wir oft an eine epische Vergangenheit
oder an eine heilige Zukunft;
aber es ist eine Freude zu entdecken,
dass diese epische heilige Schöpfung Gottes
diese konkrete Welt von heute ist:
Bestwig, diese wirklichen Menschen,
hier im Bergkloster, auch unsere Freunde,
all das ist Realität, und diese Realität ist heilig,
denn sie ist der einzige Ort,
an dem uns Gott erreichen kann und uns also auch erreicht.

Selbst wenn ich zwischen dem brennenden Dornbusch
und Bestwig wählen könnte, ich würde Bestwig wählen.

Nach Ägid Van Broeckhoven[4]

Ich habe Brüssel durch Bestwig und Gießerei durch Bergkloster ersetzt.

Der Kosmos als Altar

Und jetzt, sprich darüber durch meinen Mund das doppelte und wirksame Wort, ohne das in unserer Weisheit und unserer Erfahrung alles schwankt, alles sich auflöst – und mit dem alles sich zusammenschließt und sich, so weit das Auge reicht, in unseren Spekulationen und unserer Erfahrung des Universums festigt. – Über alles Leben, das an diesem Tage keimen, wachsen, blühen und reifen wird, sage neu: „Dies ist mein Leib." – Und über allen Tod, der sich zu zerfressen, zu welken, zu schneiden anschickt, befiehl … : „Dies ist mein Blut!"

Pierre Teilhard de Chardin SJ

◀ 120 x 90 cm, 2013
Acrylfarbe, Sand, Polyester

Der Weg zu allem Großen
geht durch die Stille.

Friedrich Nietzsche

Unsere Augen wandern über das Bild,
vielleicht vom dunklen Bereich unten zum Meditationsrad
und im Rad selbst in die Mitte, ins Licht,
auf einem spitzen Pfeil entlang zum äußeren Kreis,
am Kreis entlang, bis sie von einem Pfeil
wieder in die Mitte geführt werden.
Wir schwingen uns ein in den Rhythmus:
Außen, innen, außen, innen
und immer wieder in das Licht.
Dort ruht der Blick bis …

Das erste Wort, das Gott gesprochen hat:
Es werde Licht.

Nikolaus von Flüe konnte zwar lesen, aber nicht schreiben.
Er nannte das Meditationsrad „mein Buch"; jahrelang hat er
es betrachtet.

Sr. Maria Ignatia Langela SMMP

◀ 70 x 100 cm, 2015
Acrylfarbe

Das Heilige
im Alltag

Der Ort, wo du stehst, ist heiliger Boden

Herr der Töpfe und Pfannen

Mandala im Alltag

Verwandlung

Spuren im Alltäglichen

Der Ort, wo du stehst, ist heiliger Boden.

Exodus 3, 5

Realpräsenz

am blühenden Baum
nicht entatmet vorüberhasten
einen Augenblick lang
stehen und staunen

den duftenden Kaffee
nicht gedankenlos
hinunterstürzen
einen Schluck lang
schmecken und kosten

die Stimmen in mir
zum Schweigen bringen
um ganz Ohr zu sein
wenn du mir erzählst

nicht im Vergangenen
verbleiben
nicht ins Künftige
auswandern
ganz hin und weg sein
und darin ganz da

leben
in der reinen Gegenwart
sie ist Gottes

Andreas Knapp

◄ 80 x 100 cm, 2020
Amate-Papier[5)], Strukturpaste, Powerwax, Acrylfarbe

Herr der Töpfe und Pfannen

Herr der Töpfe und Pfannen,
ich habe keine Zeit, eine Heilige zu sein
und dir zum Wohlgefallen in der Nacht zu wachen.

Mache mich zu einer Heiligen,
indem ich Mahlzeiten zubereite und Teller wasche.
Kannst du meinen Spüllappen
als einen Geigenbogen gelten lassen,
der himmlische Harmonie hervorbringt auf einer Pfanne?
Sie ist so schwer zu reinigen und ach, so abscheulich!
Hörst du, lieber Herr, die Musik, die ich meine?

Herr der Töpfe und Pfannen,
bitte darf ich dir anstatt gewonnener Seelen
die Ermüdung anbieten, die mich ankommt
beim Anblick von Kaffeesatz
und angebrannten Gemüsetöpfen?
Obgleich ich Marta-Hände habe,
hab ich doch ein Maria-Gemüt,
und wenn ich die schwarzen Schuhe putze,
versuche ich, Herr,
deine Sandalen zu finden.
Ich denke daran, wie sie auf Erden gewandelt sind,
wenn ich den Boden schrubbe. …

Nach Teresa von Avila

◀ zwei Teile à 60 x 60 cm, 2018
Backroste vom Schrottplatz, Goldfolie, Acrylfarbe

Mandala im Alltag

Ein Text von Pierre Stutz, der inspiriert ist von einer Zitrone im Querschnitt:

Lebenssäfte sammeln
Sorge tragen für sie
sich schützen
um innerlich transparent zu sein
durchlässig für die göttliche Kraft
die mich belebt und erneuert

Kreise ziehen
das Rad als Symbol der Mitte
das verschiedene Speichen zusammenhält
ohne die Verschiedenheit aufzuheben

Begegnung braucht es
um Identität zu fördern
nicht Ausgrenzung
Identität wächst in Beziehung

Pierre Stutz

Verwandlung

Verwandlung im Alltag

Man gebe
zu einer Radkappe einen Titanspritzer,
und es entsteht ein Kunstwerk.

Man gebe
zu einem Alltagsquerwort einen Spritzer Humor,
und es entsteht eine unverkrampfte Atmosphäre.

Man gebe
bei einem Treffen ein Stück von sich selbst,
und es mutiert zu einer Begegnung.

Sr. Maria Ignatia Langela SMMP

◀ 80 x 80 cm, 2017
Acrylfarbe, Radkappe vom Müllplatz, Titanspritzer[2)]

Spuren im Alltäglichen

Unser Mühen ist gefangen
im gestreiften, eintönigen Alltag.

Plötzlich
blitzt
im Kerker der Unzulänglichkeit
etwas Kostbares auf:

Ein festlich gedeckter Tisch riecht nach Liebe,
Worte sind mehr als Informationen,
Begegnungen mehr als Treffen,
ein Liebe-voller Blick heilt eine offene Wunde,
Gesten berühren zärtlich unsere Seele.

Der banale Alltag wird heilig.

Sr. Maria Ignatia Langela SMMP

◀ 90 x 120 cm, 2018
Acrylfarbe, Blattgold

Halt

und Haltungen

Was gibt Halt?

Trotzdem

Fest verankert – trotz allem

Auf Augenhöhe

Offen für das, was kommt

Was gibt Halt?

Gottes Treue leitete und führte mich.
Sie ließ mich Abgründe und Schluchten überqueren
und rettete mich vor Klippen und Wogen.
Sie wurde für mich der rettende Hafen
und legte mich dem unsterblichen Leben in die Arme.
Sie begleitete mich, gab mir Ruhe und ließ mich nicht im Stich.
Ich schätzte mich glücklich, dass Gottes Treue mit mir ging.
Ich gewann Festigkeit, lebte und wurde erlöst.

Ode 38, 1b–4a. 15b–16a
Die Oden Salomos (etwa 130 n. Chr.)

Trotzdem

Die Leute sind unvernünftig,
unlogisch und selbstbezogen.
Liebe sie trotzdem!

Wenn du freundlich bist,
unterstellen sie dir egoistische Motive.
Sei weiter freundlich!

Wenn du erfolgreich bist,
wirst du einige falsche Freunde
und einige echte Feinde gewinnen.
Sei weiter erfolgreich!

Wenn du aufrichtig und ehrlich bist,
wird man dich ausnützen.
Sei weiter ehrlich!

Was du in jahrelanger Arbeit aufgebaut hast,
können Menschen über Nacht zerstören.
Bau weiter auf!

Wenn du glücklich und zufrieden bist,
werden sich die Neider melden.
Trotzdem – sei glücklich!

Das Gute, das du heute tust,
werden die Menschen morgen
oft schon wieder vergessen haben.
Tu weiterhin Gutes!

Nach Mutter Teresa

120 x 40 cm, 2012
Eichenasche (ohne Zugabe von Farbe)

Fest verankert – trotz allem

Manchmal können außergewöhnliche Situationen und starke Menschen uns zeigen, wie wir gewöhnliche Zumutungen bestehen können:

Es gibt Leute, es gibt sie tatsächlich, die im letzten Augenblick ihre Staubsauger und ihr silbernes Besteck in Sicherheit bringen, statt dich zu bewahren, mein Gott. Und es gibt Menschen, die nur ihren Körper retten wollen, der ja doch nichts anderes mehr ist als eine Behausung für tausend Ängste und Verbitterung. Und sie sagen: Mich sollen sie nicht in ihre Klauen bekommen. Und sie vergessen, dass man in niemandes Klauen ist, wenn man in deinen Armen ist.

Etty Hillesum[7]

Auf Augenhöhe

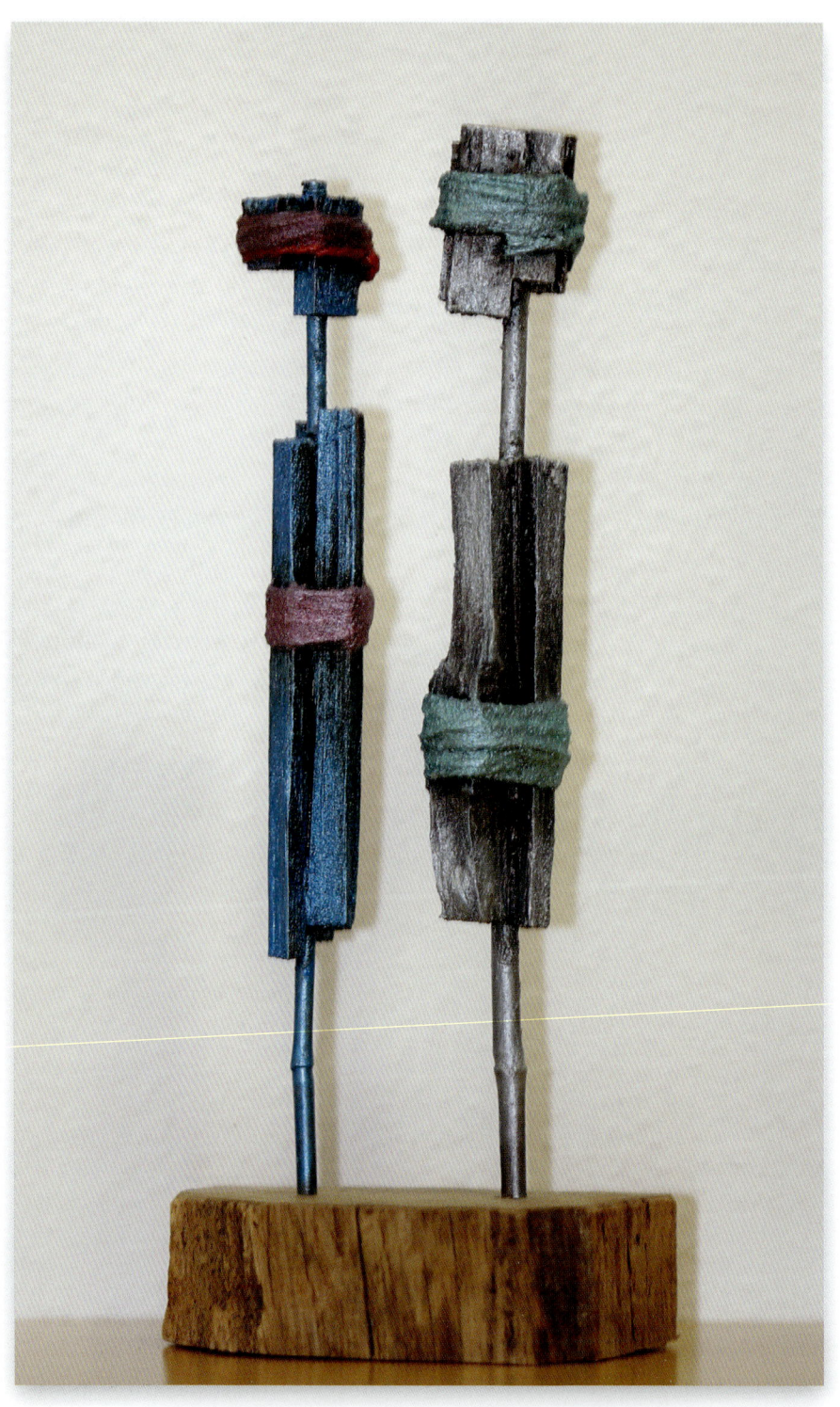

Sich Zeit lassen, wertvolle Zeit,
die darin besteht, geduldig und aufmerksam zuzuhören,
bis der andere alles gesagt hat, was er nötig hatte.
Das erfordert Askese, nicht mit dem Reden zu beginnen,
bevor der passende Moment gekommen ist.
Anstatt anzufangen,
Meinungen zu äußern und Ratschläge zu erteilen,
muss man sich vergewissern,
ob man alles gehört hat, was der andere zu sagen hat.
Das schließt ein, ein inneres Schweigen einzunehmen,
um ohne „Störsignale" im Herzen oder im Geist zuzuhören:
alle Eile abzustreifen,
die eigenen Bedürfnisse und Dringlichkeiten beiseitezulassen
und Raum zu geben.

Papst Franziskus

Offen für das, was kommt

Ich suche nicht – ich finde

Suchen –
das ist ein Ausgehen von alten Beständen
und ein Finden-Wollen von bereits Bekanntem im Neuen.

Finden,
das ist das völlig Neue!

Das Neue auch in der Bewegung.
Alle Wege sind offen, und was gefunden wird, ist unbekannt.
Es ist ein Wagnis – ein heiliges Abenteuer.

Die Ungewissheit solcher Wagnisse
können eigentlich nur jene auf sich nehmen,
die im Verborgenen sich geborgen wissen,
die in der Ungewissheit,
in der Führerlosigkeit geführt werden,
die sich im Dunkeln einem unsichtbaren Stern überlassen,
die sich von Zielen ziehen lassen und nicht
– menschlich beschränkt und eingeengt –
das Ziel bestimmen.

Dieses Offensein für jede neue Erkenntnis,
im Außen und Innen:
Das ist das Wesenhafte des modernen Menschen,
der in aller Angst des Loslassens
doch die Gnade des Gehaltenseins
im Offenbarwerden neuer Möglichkeiten erfährt.

Pablo Picasso

Wer
bin ich?

Du bist der Eine und der Andere

Geknickt und aufgerichtet

Geliebt vor jeder Leistung

Verwundet. Geheilt?

Zwei Botschaften

Du bist der Eine und der Andere

Müde sein
    und doch andere aufmuntern.

Sich verlassen fühlen
    und doch andere zum Lächeln bringen.

Selber voller Fragen stecken
    und sich Ratsuchenden doch nicht verweigern.

Schmerzen haben
    und doch anderen gegenüber Geduld aufbringen.

Belastet sein
    und doch anderen tragen helfen.

Enttäuscht sein
    und doch anderen einen Streifen Hoffnung vorleben.

Betend selber ohne Antwort bleiben
    und doch anderen den Glauben erlebbar machen.

Keinen Dank bekommen
    und doch unentwegt für andere da sein.

Albrecht Dürer

◀ Höhe: 31 cm, 2015
Figuren mit Bronzeoptik auf Schiefer

Geknickt und aufgerichtet

Das geknickte Rohr zerbricht ER nicht
und den glimmenden Docht löscht ER nicht aus;
ja, ER bringt wirklich das Recht.

Jesaja 42, 3

Noch Jahrtausende nach Jesaja berühren uns die Sprachbilder „geknicktes Rohr" und „verglimmender Docht" unmittelbar. Wenn die innere Spannkraft uns verlässt, wenn Mut und Zuversicht sinken, wenn Mobbing die Atmosphäre vergiftet, wenn plötzlich unsere Freude am Leben durch Enttäuschung oder durch einen Schicksalsschlag zerbricht, wenn Sorgen unseren aufrechten Gang krümmen, dann lassen wir den Kopf hängen und unsere Seele gleicht einem geknickten Rohr oder einem glimmenden Docht.

Ein Segen, wenn wir dann Menschen haben, mit denen wir uns an das Feuer erinnern, das einmal brannte, und die dem glimmenden Docht den nötigen Raum und Schutz geben. Und ein Segen, wenn uns dann die verlässliche Zusage aus Jesaja zu trösten und aufzurichten vermag.

Sr. Maria Ignatia Langela SMMP

◀ 70 x 50 cm, 2011
Acrylfarbe, Sand

Geliebt vor jeder Leistung

Und eine Stimme vom Himmel sprach:
Dieser ist mein geliebter Sohn,
an dem ich Wohlgefallen gefunden habe.

Matthäus 3, 17

Und eine Stimme vom Himmel sprach:
Du bist meine geliebte Tochter,
du gefällst mir.

Verwundet. Geheilt?

Am 13. November 2015 sah Antoine Leiris seine Frau Hélène zum letzten Mal – sie starb an diesem Tag bei einem Terroranschlag im Konzertsaal „Le Bataclan" in Paris. Während die Welt geschockt versuchte, eine Erklärung für das Unfassbare zu finden, postete der Journalist auf Facebook einen offenen Brief. Hier ein Auszug:

Freitagabend habt ihr das Leben eines außerordentlichen Wesens geraubt, das der Liebe meines Lebens, der Mutter meines Kindes, aber ihr bekommt meinen Hass nicht. Ich weiß nicht, wer ihr seid, und ich will es nicht wissen, ihr seid tote Seelen. Wenn dieser Gott, für den ihr blind tötet, uns nach seinem Bild geschaffen hat, dann muss jede Kugel, die meine Frau getroffen hat, eine Wunde in sein Herz gerissen haben.

Wir sind zwei, mein Sohn und ich, aber wir sind stärker als alle Armeen dieser Erde. Ich will euch jetzt keine Zeit mehr opfern, ich muss mich um Melvil kümmern, der gerade von seinem Mittagsschlaf aufwacht. Er ist gerade mal 17 Monate alt; er wird seinen Brei essen, wie jeden Tag, dann werden wir gemeinsam spielen, wie jeden Tag, und sein ganzes Leben wird dieser kleine Junge euch beleidigen, indem er glücklich und frei ist. Denn nein, auch seinen Hass werdet ihr nicht bekommen.

Antoine Leiris

Zwei Botschaften

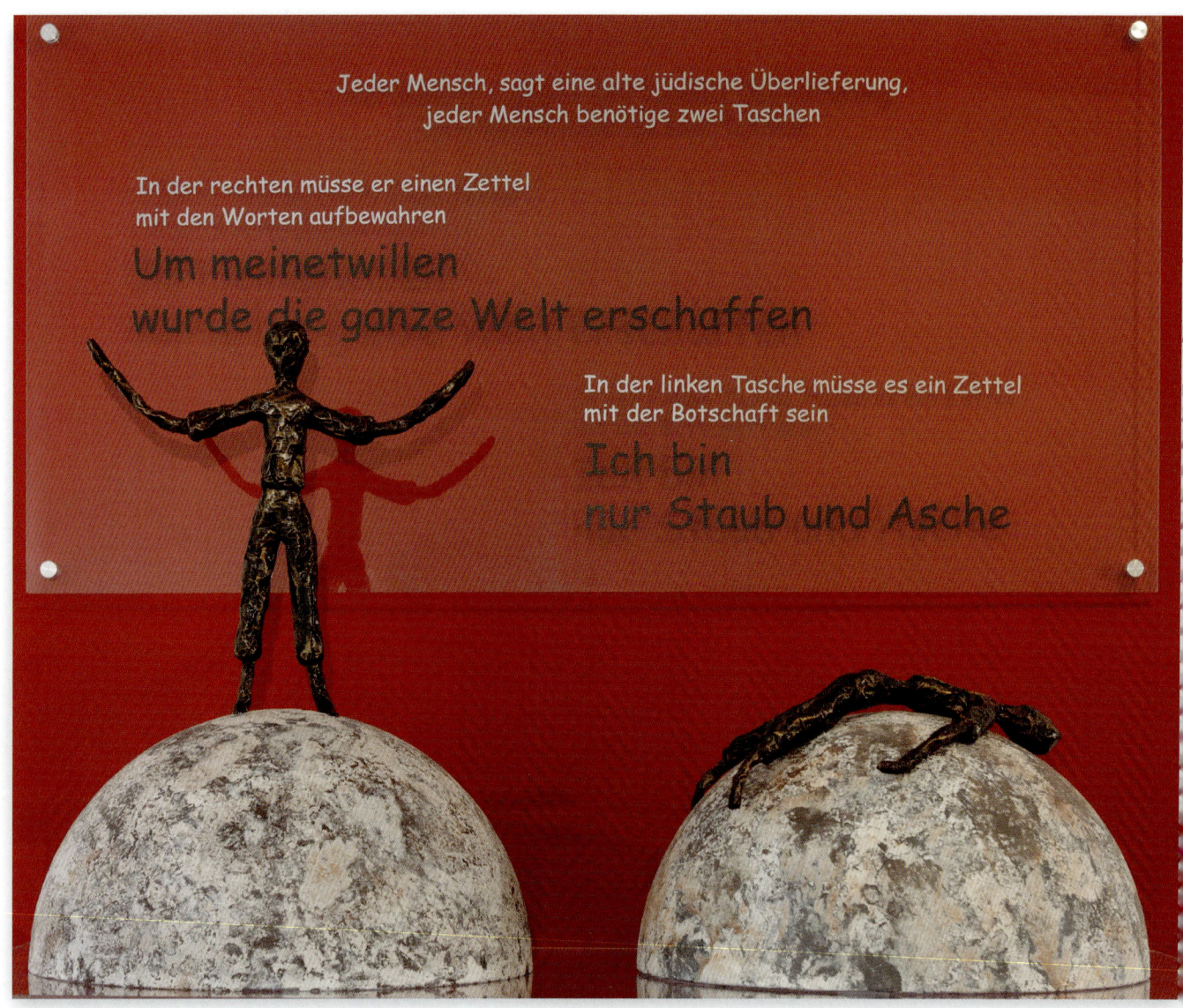

Jeder Mensch, sagt eine alte jüdische Überlieferung,
jeder Mensch benötige zwei Taschen

In der rechten müsse er einen Zettel
mit den Worten aufbewahren

Um meinetwillen
wurde die ganze Welt erschaffen

In der linken Tasche müsse es ein Zettel
mit der Botschaft sein

Ich bin
nur Staub und Asche

Wer bin ich?

Wer bin ich? Sie sagen mir oft, ich träte aus meiner Zelle
gelassen und heiter und fest, wie ein Gutsherr aus seinem Schloss.
Wer bin ich? Sie sagen mir oft, ich spräche mit meinen Bewachern
frei und freundlich und klar, als hätte ich zu gebieten.
Wer bin ich? Sie sagen mir auch, ich trüge die Tage des Unglücks
gleichmütig, lächelnd und stolz, wie einer, der Siegen gewohnt ist.

Bin ich das wirklich, was andere von mir sagen?
Oder bin ich nur das, was ich selbst von mir weiß?
Unruhig, sehnsüchtig, krank, wie ein Vogel im Käfig,
ringend nach Lebensatem, als würgte mir einer die Kehle,
hungernd nach Farben, nach Blumen, nach Vogelstimmen,
dürstend nach guten Worten, nach menschlicher Nähe,
zitternd vor Zorn über Willkür und kleinlichste Kränkung,
umgetrieben vom Warten auf große Dinge,
ohnmächtig bangend um Freunde in endloser Ferne,
müde und leer zum Beten, zum Denken, zum Schaffen,
matt und bereit, von allem Abschied zu nehmen?

Wer bin ich? Der oder jener?
Bin ich denn heute dieser und morgen ein andrer?
Bin ich beides zugleich? Vor Menschen ein Heuchler
und vor mir selbst ein verächtlich wehleidiger Schwächling?
Oder gleicht, was in mir noch ist, dem geschlagenen Heer,
das in Unordnung weicht vor schon gewonnenem Sieg?

Wer bin ich? Einsames Fragen treibt mit mir Spott.
Wer ich auch bin, du kennst mich, dein bin ich, o Gott!

Dietrich Bonhoeffer, 1944

◀ Höhe der Skulptur 60 cm, 2014
Styroporkugeln mit Steinoptik, Figuren mit Bronzeoptik – Text[8)]

Mehr erleben

als begreifen

Einmalig im ganzen Kosmos

Dynamik des Lebens

Blühen, um zu blühen

Amazing Grace

Was es ist

Einmalig im ganzen Kosmos

Wir verdanken unser Dasein letztlich den Sternen – und der Tatsache, dass sie nicht an ihrem Sternsein festhalten, sondern sich früher oder später ins All hinein verschenken. Ein Großteil der Atome und Moleküle unseres Körpers stammt aus dem Inneren verloschener Sterne. In ihnen wurden die Elemente erzeugt, die für unser Leben erforderlich sind: Das Eisen für unser Blut, der Sauerstoff für unsere Lungen, der Kohlenstoff für unser Gewebe und das Kalzium für unsere Knochen.

Je nach Gewicht und Größe besteht der menschliche Körper aus etwa hundert Billionen Zellen. Jede Minute sterben im menschlichen Körper etwa 30 Millionen Zellen ab und werden durch 30 Millionen neue ersetzt.

Ein Atemzug genügt. Und schon haben Sie Milliarden von Atomen aus dem Universum aufgenommen. … Mit jedem Atemzug wandern auch Atome durch Ihren Körper, die einst Abraham, Buddha, Jesus und Mozart gehört haben.

Lorenz Marti

Dynamik des Lebens

Die Spirale ist ein uraltes heiliges Symbol aller Kulturen und kommt oft in religiösen Zusammenhängen vor.

Im Makrokosmos faszinieren Spiralgalaxien durch ihre Dynamik und Ästhetik.
Im Mikrokosmos zeigt sich die Spiralform z. B. in unserer DNS, ist also in unseren Grundbausteinen vorhanden.
Im Tier- und Pflanzenreich finden wir sie bei einem Schneckenhaus, einer Muschel, bei Schlingpflanzen oder in den Blütenblättern einer Blume.

Folgt man der Dynamik der rechtsdrehenden Spirale, wird man hineingenommen in Bewegung und Entfaltung, Sich-Öffnen und Sich-dem-Leben-Zuwenden.
Die linksdrehende Spirale symbolisiert die Rückkehr zu unserem Ursprung und zur Einheit.

Sr. Maria Ignatia Langela SMMP

◄ 60 x 60 cm, 2014
Acrylfarbe, Strukturmittel

Blühen, um zu blühen

Die Ros' ist ohne Warum;
sie blühet, weil sie blüht,
sie achtet nicht ihrer selbst,
fragt nicht, ob man sie sieht.

Angelus Silesius[9]

Amazing Grace

Erstaunliche Gnade, wie süß der Klang.
Ich war einst verloren, aber nun bin ich gefunden,
war blind, aber nun sehe ich.
Gnade löste meine Ängste.

„Amazing Grace" von John Newton

„Amazing Grace" hat eine Melodie, die zu Herzen geht. Es gehört zu den beliebtesten Kirchenliedern der Welt und ist das weltweit am häufigsten gespielte Lied bei Trauerfeiern. Im Bild ist jede Note eingebettet in einen Teil des Regenbogens, dem Zeichen der Treue Gottes.

Aus dem brutalen Menschenhändler John Newton wird ein empathischer Pfarrer und Bürgerrechtler. Jemand wird aus der Bahn geworfen, aber nicht ins Nichts geschleudert, sondern auf einen neuen Weg gestellt. Und das alles, weil da eine Kraft am Wirken ist, die John Newton als „Amazing Grace", als erstaunliche Gnade, beschreibt. In jeder Osternacht feiern wir das Geheimnis der "felix culpa", der glücklichen Schuld.

Das Leben kann verwandelt werden, wenn wir einen Bruch zulassen und erkennen: Das war nicht mein Leben. Ich habe es mir im falschen Leben bequem gemacht.

John Newtons Lied, seine Erfahrung öffnet Räume, auch nach fast 250 Jahren. Allein schon „erstaunliche Gnade", was die Worte eines Liedes bei Millionen bewirken können, auch bei Kirchenfernen. Noch erstaunlicher, wenn man das Leben des Autors anschaut.[10]

Sr. Maria Ignatia Langela SMMP

◀ 80 x 100 cm, 2021
Acrylfarbe auf Rettungsdecke (aus Verbandskasten)

Was es ist

Was es ist

Es ist Unsinn, sagt die Vernunft.
Es ist, was es ist, sagt die Liebe.

Es ist Unglück, sagt die Berechnung.
Es ist nichts als Schmerz, sagt die Angst.
Es ist aussichtslos, sagt die Einsicht.

Es ist, was es ist, sagt die Liebe.

Es ist lächerlich, sagt der Stolz.
Es ist leichtsinnig, sagt die Vorsicht.
Es ist unmöglich, sagt die Erfahrung.

Es ist, was es ist, sagt die Liebe.

Erich Fried

Es sind Eierkartons, sagt der erste Blick ...

◄ 40 x 120 cm, 2018
Eierkartons, Sand, Acrylfarbe

Einladungen

Komm doch!

Schau doch!

Nur Mut!

Sich entwickeln, sich öffnen, sich verschenken

Aus der Enge in die Weite

Komm doch!

Sie gehen zurück in den Alltag. Nach den aufwühlenden Tagen der Kreuzigung ihres Freundes Jesus gehen die Jünger fischen. Die ganze Nacht – und fangen nichts. Ihre Herzen sind leer, die Netze sind leer, die Kassen sind leer. (vgl. Johannes 21)

„Werft das Netz auf der anderen Seite aus", sagt Jesus. Die Jünger ziehen das pralle Netz aus dem Wasser – mit 153 Fischen. Rätselhaft: 153 = 1+ 2+ 3+ … + 17.

Im Hebräischen hat jeder Buchstabe einen Zahlenwert. „Gut" heißt hebräisch „tob" und hat den Zahlenwert 9-6-2, also 17. Die 17 findet sich in der Bibel dann, wenn etwas Altes, auch unter Schmerzen, zu Ende geht und etwas Neues beginnt.

Viele Menschen können am Ende ihres Lebens sagen: „Es war gut!", „tob", also „17". Manchmal bleibt aber auch der Schmerz über einen Verlust oder das Bittere an Erfahrungen, weil sich Träume nicht erfüllt haben oder Hoffnungen zerstört wurden. Wirklich gut kann das Leben aber doch nur dann sein, wenn auch das Unerfüllte und Verschwundene nicht verloren ist und nicht umsonst ist. Wenn also in der 17 auch die Phase 16 mit dabei wäre, die vorüber ist. Und auch die Phasen 15 und 14 müssten dabei sein, bis hin zum allerersten Anfang, den Phasen 2 und 1. Zählt man alle Lebensphasen zusammen, sodass das ganze Leben gegenwärtig ist, dann ergibt sich zusammen mit der 17 vom Ende, vom Übergang, gerade die Zahl 153.

Die 153 Fische im Licht der Auferstehung besagen: Nichts ist vergessen, getrennt oder verloren. Auf dem Bild schwimmt ein Fisch außerhalb des Lebensdreiecks. Um das Leben wieder ganz zu machen, damit es „gut" wird, folgt das Verlorene gerade der Einladung: Komm doch, sonst fehlt etwas!

Wirklich gut ist der Blick auf das Leben, wenn wir staunend einsehen, dass alles immer schon „gut" war – auch das Kreuz, auch der Tod. Und es beginnt etwas Neues, noch viel Großartigeres als das Vorhergehende. Das Leben „schwimmt" dem Licht entgegen.

Nach Friedrich Weinreb

◀ 90 x 120 cm, 2013
Acrylfarbe, Kartoffelnetz

Schau doch!

Am Ende sagte mir ein großer Kerl, dessen wilder Blick Angst einflößen konnte: „Kommen Sie in mein Haus! Ich habe Ihnen etwas zu geben." Ich war unschlüssig, ob ich die Einladung annehmen sollte oder nicht. Doch der begleitende Pater sagte: „Gehen Sie nur mit ihm! Das sind richtig gute Leute." Ich ging in sein „Haus", eine halb zerfallene Hütte. Er hieß mich auf einen wackligen Stuhl sitzen. Ich konnte von diesem Platz aus die sinkende Sonne sehen. Der Hüne sagte zu mir: „Schauen Sie, wie schön sie ist!" Wir schwiegen einige Minuten. Die Sonne verschwand. Da begann der Mann wieder: „Ich wusste nicht, wie ich Ihnen für alles, was Sie für uns getan haben, danken sollte. Ich kann Ihnen nichts geben. Aber ich dachte, dieser Sonnenuntergang würde Ihnen Freude machen. Sie hatten doch Freude, nicht wahr? Guten Abend!" Dann gab er mir seine Hand.

Pedro Arrupe SJ[11]

Nur Mut!

„Guten Morgen, was machst du da?"

Der Junge richtet seinen Blick zu dem alten Mann und antwortet: „Ich werfe Seesterne ins Meer zurück. Es ist Ebbe und die Sonne brennt herunter. Wenn ich das nicht tue, sterben sie."

„Aber, junger Mann, ist dir eigentlich klar, dass hier Kilometer um Kilometer Strand ist. Und überall liegen Seesterne. Die kannst du unmöglich alle retten; das macht doch keinen Sinn."

Der Junge hört höflich zu, bückt sich, nimmt einen anderen Seestern auf und wirft ihn ins Meer, lächelt: „Aber für diesen macht es Sinn."

Nach Loren Eiseley

◀ 120 x 40 cm, 2012
Acrylfarbe

Sich entwickeln,
sich öffnen,
sich verschenken

Gib

den Widerstand
gegen

die sanfte Revolution
des Lebens

auf.

Quelle unbekannt

120 x 60 cm, 2018
Acrylfarbe

Aus der Enge in die Weite

Vielleicht geht dir
in der Mitte der Nacht ein Licht auf.
Vielleicht hörst du
unverhofft eine neue Botschaft.
Vielleicht ahnst du plötzlich,
dass Frieden auf der Welt denkbar ist.
Vielleicht erfährst du schmerzhaft,
dass du Altes zurücklassen musst.
Vielleicht spürst du,
dass sich etwas verändern wird.
Vielleicht wirst du aufgefordert
aufzustehen und aufzubrechen.

Schweige und höre,
sammle Kräfte und brich auf,
damit du den Ort findest,
wo neues Leben möglich ist.

Max Feigenwinter

◀ 120 x 60 cm, 2018
Figuren mit Bronzeoptik, Powertex auf Styropor, Acrylfarbe

Schöpfung

Geheiligte Erde

Gott schläft im Stein

Zart und stark

Ich lebe mein Leben in wachsenden Ringen

Überdies hat er die Ewigkeit in alles hineingelegt

Geheiligte Erde

Die Hymne an die Materie

Gesegnet seist du, herbe Materie …
Gesegnet seist du, gefahrvolle Materie …
Gesegnet seist du, machtvolle Materie …
Gesegnet seist du, universelle Materie …
Gesegnet seist du, undurchdringliche Materie …
Gesegnet seist du, tödliche Materie …

Du schlägst und du verbindest
– du widerstehst und du beugst dich
– du stürzest um und du baust auf
– du verkettest und du befreist.

Saft unserer Seelen,
Hand Gottes,
Fleisch Christi,
Materie, ich segne dich.

Ich grüße dich mit schöpferischer Kraft,
geladenes, göttliches Milieu,
vom Geist bewegter Ozean,
von dem inkarnierten Wort
gekneteter und beseelter Ton.

Pierre Teilhard de Chardin SJ

◀ 50 x 70 cm, 2011
Sand, Acrylfarbe

Gott schläft im Stein

Gott schläft im Stein,
atmet in der Pflanze,
träumt im Tier
und erwacht im Menschen.

Rabindranath Tagore

◀ 50 x 50 cm, 2020
Achat aus Brasilien, Acrylfarbe

Zart und stark

Jedes Blatt verschenkt sich
an die Zukunft.
Würde der Mensch genauso handeln,
wüsste er,
was Lebensfreude ist.

Thao-Hsiu Then

Ich lebe mein Leben
in wachsenden Ringen.

Rainer Maria Rilke

Ich lebe mein Leben in wachsenden Ringen,
die sich über die Dinge ziehn.
Ich werde den letzten vielleicht nicht vollbringen,
aber versuchen will ich ihn.

Ich kreise um Gott, um den uralten Turm,
und ich kreise jahrtausendelang;
und ich weiß noch nicht: bin ich ein Falke, ein Sturm
oder ein großer Gesang.

Rainer Maria Rilke[13]

Überdies hat er die Ewigkeit
in alles hineingelegt.

Kohelet 3, 11

Lernt von den Lilien, die auf dem Feld wachsen (Mt 6, 28):
Faszinierend schön,
zart und zerbrechlich, vergänglich,
blutrot,
absichtsfrei geschaffen für zwei, drei Erdentage.
Gottes Lust am Leben ist Blume geworden.

Es liegt eine Verheißung auf dem Säen:
Das Korn in die Mutter Erde legen
in der Hoffnung, dass es Frucht bringt.
Das Leben verlieren, um es zu gewinnen.
Durch die Tode hindurch leben.
Ein Hauch Ewigkeit weht uns an.

Der Kreis ist Abbild des Kosmos und der Ewigkeit.
Alles, was Leben ausmacht,
alles Schöne und das Sterben des Weizenkorns
ist in die Ewigkeit hineingenommen.
„Leben mit dem ganzen Ernst der Ewigkeit.
Dieses Vergängliche ist das werdende Ewige."[14]

Die Mitte des Kreises ist leer:
Zeichen für das Unbegreifliche, den Unbegreiflichen.
Das Auge wandert von der Mohnblüte zur Mitte
und von der Mitte zum Weizenkorn und zurück.
Das Endliche im Ewigen,
das Ewige im Endlichen.

Stimmig

Vergänglich und heilig

Und siehe, es war sehr gut

Glanz von innen

Alles ist austragen – und dann gebären

Endlich und unendlich

Vergänglich und heilig

ER hat mich in seine Arme geschlossen,
ohne dass man an Vergängliches denken musste.
Unsterbliches Leben umarmte und küsste mich.

Ode 28, 6b–7
Die Oden Salomos (etwa 130 n. Chr.)

◀ drei Teile à 40 x 40 cm, 2011
Asche, Sand, Acrylfarbe

Und siehe, es war sehr gut.

Genesis 1, 31

Die Freude,

die eine vollkommene
und reine Zustimmung der Seele
zur Schönheit der Welt darstellt,

ist ein Sakrament.

Simone Weil

◀ 50 x 50 cm, 2020
Acrylfarbe auf abgelöster Rettungsdecke

Glanz von innen

Mysterium

Die Seele der Dinge
lässt mich ahnen
die Eigenheiten
unendlicher Welten

Beklommen
such ich das Antlitz
eines jeden Dinges
und finde in jedem
ein Mysterium

Geheimnisse reden zu mir
eine lebendige Sprache

Ich höre das Herz des Himmels
pochen
in meinem Herzen

Rose Ausländer

◀ 100 x 70 cm, 2016
Steinoptik mit Powertex, Strukturpaste, Acrylfarbe

Alles ist austragen – und dann gebären

Man muss den Dingen
die eigene, stille ungestörte Entwicklung lassen,
die tief von innen kommt
und durch nichts gedrängt oder beschleunigt werden kann;
alles ist austragen – und dann gebären …

Reifen wie der Baum, der seine Säfte nicht drängt
und getrost in den Stürmen des Frühlings steht,
ohne Angst, dass dahinter kein Sommer kommen könnte.
Er kommt doch!

Aber er kommt nur zu den Geduldigen,
die da sind, als ob die Ewigkeit vor ihnen läge,
so sorglos, still und weit …

Man muss Geduld haben
mit dem Ungelösten im Herzen,
und versuchen, die Fragen selber lieb zu haben
wie verschlossene Stuben
und wie Bücher, die in einer sehr fremden Sprache
geschrieben sind.

Es handelt sich darum, alles zu leben.
Wenn man die Fragen lebt,
lebt man vielleicht allmählich,
ohne es zu merken,
eines fremden Tages
in die Antworten hinein.

Rainer Maria Rilke[15]

Endlich und unendlich

Quadrat und Kreis

Vier ist die Zahl der Elemente und der Himmelsrichtungen. Als Quadrat ist es der Inbegriff alles Geordneten und Symbol der Begrenzung und deutet hin auf die Lebensebene der Welt und Materie.

Der Kreis ist ein Zeichen der Ewigkeit, der Vollkommenheit. Bei magischen Riten bedeutet der Kreis oft Schutz. Wer sich innerhalb eines gezogenen Kreises befindet, dem können böse Mächte nichts anhaben.

In dem Amate-Papier (siehe Bild) ist das Runde und das Quadratische zu einer Einheit verbunden. Das kann an die mystische Einheitssymbolik erinnern, auch an die Verbindung von Materie und Geist.

Sr. Maria Ignatia Langela SMMP

◀ 90 x 90 cm, 2018
Amate-Papier[5)], Sand, Acrylfarbe

Behütet

Das Irdische hinauflieben

Unter Deinen Flügeln finde ich Schutz

Breite über uns das Zelt deines Friedens

Hab keine Angst!

Durch Liebe und Leid zur Vollendung

Das Irdische hinauflieben

fest verbunden mit der Erde
ausgestreckt zum Himmel

nicht abheben
Himmel und Erde verbinden

beflügelt lernen
das Himmlische
im Irdischen zu berühren
das Irdische hinaufzulieben zum Himmel

in dir
in mir
in allem

Sr. Maria Ignatia Langela SMMP

◀ Höhe 155 cm, 2016
Palmenblatt, Styroporkugel mit Bronzeoptik,
Ständer aus 200 Jahre altem Gebälk (Eiche)

Unter Deinen Flügeln finde ich Schutz

Mein Gott, Du Höchster,
unter Deinen Flügeln finde ich Schutz
und bin vollkommen sicher.
Bis in die Tiefen meiner Seele
kann weder Fessel noch Krankheit dringen.
Angst und Böses,
Gerüchte, Sprüche, Stiche,
gestaltloses Grauen
wie Pest und Fieber und Schwermut –
sie perlen ab an Deinen Flügeln.
Du hast Deinen Engeln befohlen,
dass sie mich behüten auf allen meinen Wegen;
sie tragen mich auf ihren Händen federleicht
über Steine, Schlangen und Drachen hinweg.
Engel – ich sehe sie nicht –, aber da war etwas.
Sie sind wie ein Flügelschlag, eine Bewegung,
unsichtbare Kräfte, formlos, innen wie außen,
ein Impuls, eine Stimme, ein Blick,
ein Flüstern, ein Hauch aus Dir,
ein sich niederdrehender Lindensamen,
aufgeladen mit Wunder.
Ich kann sie nicht dingfest machen.
Im Nachhinein aber, wortlos,
spüre ich ihre Wirkung in mir:
Unfassbar friedlich bin ich
mit allem in einer großen Ordnung
und doch ganz bei mir selbst
wie beflügelt.

Ps 91, Auszug
Übertragung von Christina Bergmann

◀ 120 x 90 cm, 2012
Polyester, Sand, Acrylfarbe

Breite über uns das Zelt
deines Friedens

Gib, dass wir uns hinlegen, Gott,
zum Frieden
und lass uns wieder aufstehen
zum Leben.
Breite über uns das Zelt deines Friedens
und richte uns auf durch ein Wort von dir.
Hilf uns um deines Namens willen,
schütze uns
und wende von uns ab Hass, Krankheit und Gewalt.
Lass jedes Hindernis weichen vor uns und hinter uns.
Birg uns im Schatten deiner Flügel,
denn du bist ein gnädiger und barmherziger Gott.
Behüte unser Kommen und Gehen
zum Frieden und zum Leben
von nun an bis in Ewigkeit.

Amen.

Jüdisches Abendgebet

Bitte

Wir werden eingetaucht
und mit dem Wasser der Sintflut gewaschen,
wir werden durchnäßt
bis auf die Herzhaut.

Der Wunsch nach der Landschaft
diesseits der Tränengrenze
taugt nicht,
der Wunsch, den Blütenfrühling zu halten,
der Wunsch, verschont zu bleiben,
taugt nicht.

Es taugt die Bitte,
daß bei Sonnenaufgang die Taube
den Zweig vom Ölbaum bringe,
daß die Frucht so bunt wie die Blüte sei,
daß noch die Blätter der Rose am Boden
eine leuchtende Krone bilden.

Und daß wir aus der Flut,
daß wir aus der Löwengrube und dem feurigen Ofen
immer versehrter und immer heiler
stets von neuem
zu uns selbst
entlassen werden.

Hilde Domin

◀ 40 x 40 cm, 2016
Acrylfarbe

Durch Liebe und Leid
zur Vollendung

Ich glaube an die Ewigkeit Gottes,
die in unsere Zeit, in meine Zeit hineingekommen ist.
Unter dem ermüdenden Auf und Ab der Zeit
wächst schon heimlich das Leben, das keinen Tod mehr kennt.

Höre, mein Herz, Gott hat schon begonnen,
seinen Advent in der Welt und in mir zu feiern.
Leise und sanft,
so leise, dass man es überhören kann,
hat er die Welt und ihre Zeit schon an sein Herz genommen,
ja sein eigenes unbegreifliches Leben eingesenkt in diese Zeit.

Nach Karl Rahner

◀ 100 x 100 cm, 2017
handgeschöpftes Papier, Acrylfarbe

Anmerkungen

1) Der Prophet Jesaja hat diese Worte vor gut 2500 Jahren an das Volk Israel gerichtet, das damals in der Verbannung lebte. Ihr Gotteshaus, der Tempel in Jerusalem, lag in Trümmern. „Gott hat uns vergessen", dachten viele Israeliten. Da ruft Jesaja ihnen zu: „Nein, ich bringe euch wieder nach Hause. Darum: Fürchte dich nicht …"

2) Wenn in einer Gießerei bei der Verarbeitung etwas Flüssigtitan wegspritzt, entstehen beim Abkühlprozess manchmal wunderbare Farben.

3) Vgl. auch Jochen Klepper: Gott will im Dunkel wohnen und hat es doch erhellt. Als wollte er belohnen, so richtet er die Welt. Der sich den Erdkreis baute, der lässt den Sünder nicht. Wer hier dem Sohn vertraute, kommt dort aus dem Gericht.

4) Ägid Van Broeckhoven (1933–1967) war Jesuit. Er war Arbeiterpriester in einer Stahlfabrik und starb mit 34 Jahren, erschlagen von einem massiven Eisenträger.

5) Heute stellen nur noch die Otomi-Indianer im Nordosten Mexikos Amate-Papiere her. Sie bedienen sich mehrerer Maulbeerarten, deren Rindenbast-Farbe auch die Farbe des Amate bestimmt. Amate galt als heilig, weshalb es bereits im 1. Jh. v. Chr. in religiösen und magischen Kulten eingesetzt wurde.

6) Das Wort Mandala stammt aus dem altindischen Sanskrit und bedeutet Kreis. „Die kreisförmigen Ornamente finden sich in den Kirchenfenstern gotischer Kathedralen genauso wieder wie in japanischen Familienwappen oder auf aztekischen Kalendersteinen. Manche von ihnen sind über 25000 Jahre alt. Die Natur selbst bietet mit Schneekristallen Mandalas von überirdisch anmutender Schönheit. Es handelt sich also um eine wahrhaft universelle Form." (Marion und Werner Tiki Küstenmacher)

7) Etty Hillesum war eine niederländische jüdische Slawistik- und Psychologiestudentin. Sie starb 1943 in Auschwitz. „Stehen am Beginn ihrer Tagebücher inneres Chaos, Depression, Angst, Zusammenbruch, so dominieren am Ende ihres Weges nach innen Lebensbejahung, Annahme ihres Schicksals, Feindesliebe, Solidarität mit den Leidenden, Freude, Sinnfülle, Nächstenliebe, Gläubigkeit und Geborgenheit in Gott." (Textauszug: Rheinische Post)

8) Jeder Mensch, sagt eine alte jüdische Überlieferung, jeder Mensch benötige zwei Taschen. In der rechten müsse er einen Zettel mit den Worten aufbewahren: „Um meinetwillen wurde die ganze Welt erschaffen." In der linken Tasche müsse es ein Zettel mit der Botschaft sein: „Ich bin nur Staub und Asche."

9) Originaltext (in: Cherubinischer Wandersmann):
   Die Ros' ist ohn warumb
   sie blühet weil sie blühet
   Sie achtt nicht jhrer selbst
   fragt nicht ob man sie sihet.

10) Für die Cherokee-Indianer ist „Amazing Grace" die inoffizielle National-hymne. Für den damaligen US-Präsidenten Jackson waren Indianer un-zivilisierbare Wilde. Amerikanische Soldaten trieben (vor gut 180 Jahren) 13.000 Cherokee mit blanken Bajonetten aus ihren Häusern. Weit über tausend Kilometer lang war der „Trail of Tears", der berüchtigte „Pfad der Tränen". Aus Zeitmangel mussten sie ihre Toten häufig ohne Zere-monie beerdigen. Es blieb nur Zeit für ein Lied: „Amazing Grace". Seit der Bürgerrechtsbewegung um Martin Luther King in den 60er-Jahren ist „Amazing Grace" eine Art Hymne der Menschenrechte. Es erklang bei der Trauerfeier des US-Präsidenten Ronald Reagan, von Michael Jackson und Nelson Mandela. Als Barack Obama nach dem Anschlag in Charles-ton anfing, das Lied zu singen, stimmten über 5000 Menschen ein.
    Der Texter John Newton (1725–1807) beschreibt in dem Lied seine ganz persönliche Erfahrung. Im Laufe seiner Kindheit und Jugend hatte Newton viele Verlusterfahrungen, Verletzungen und Traumata erlebt. Zu Hause lernte er fromme Kirchenlieder und gleichzeitig wurden vor der Haustür Piraten gehenkt. Er lässt sich für drei Sklaventransporte engagie-ren: Sklaven, angekettet und für jeden 1/2 m^2 Platz. Keine moralischen Bedenken? Nicht das leiseste Zögern? Nein, John ist vollständig ein Kind seiner Zeit. „Wilde" sind für ihn eine Fracht wie Holz und Tuch. Von den 218 Sklaven seiner ersten Fahrt sterben unterwegs 67, also fast ein Drittel – an Hitzschlag, Seekrankheit, Durchfall, bei Schlägereien, durch Selbst-mord.

11) Pedro Arrupe SJ (1907–1991) war von 1965–1981 Generaloberer.

12) Der Peepal-Baum hat im Hinduismus, Buddhismus und Jainismus eine religiöse Bedeutung. Hindu- und Jain-Asketen betrachten die Bäume als heilig und meditieren oft unter ihnen.

13) Rainer Maria Rilke war 24 Jahre alt, als er das Gedicht schrieb.

14) Nach Karl Rahner.

15) Diese Zeilen stammen aus einem Brief von Rainer Maria Rilke „… an einen jungen Dichter" (Franz Xaver Kappus), in dem sie eingestreut sind. Wer die hier vorliegende Fassung formuliert hat, ist unbekannt.

Quellennachweise

S. 21: Wolfgang Lehmacher ist verantwortlich für den Bereich Logistik und Transport beim Weltwirtschaftsforum (WEF), Auszüge aus: Die Welt ist schon vernetzt – nur verstehen wir sie nicht, in: Bilanz, Gesellschaft 4.0.

S. 22: aus: Martin Buber, Der Weg des Menschen nach der chassidischen Lehre, © 2001, Gütersloher Verlagshaus, Gütersloh, in der Penguin Random House Verlagsgruppe GmbH.

S. 31: aus: Tomáš Halík, Berühre die Wunden, © 2019 Verlag Herder GmbH, Freiburg i. Br.

S. 35: aus: Pierre Teilhard de Chardin, Lobgesang des Alls, © Éditions du Seuil, Paris 1961, Walter-Verlag Olten und Freiburg im Breisgau, S. 19.

S. 41: aus: Andreas Knapp, Brennender als Feuer. Geistliche Gedichte, © Echter Verlag, Würzburg, 9. Auflage 2020, S. 43.

S. 45: © Pierre Stutz, www.pierrestutz.ch.

S. 57: aus: Etty Hillesum, Das denkende Herz der Baracke, Die Tagebücher von Etty Hillesum, © 2022 Verlag Herder GmbH, Freiburg i. Br.

S. 71: aus: Antoine Leiris, Meinen Hass bekommt ihr nicht, © 2016 Blanvalet Verlag, München, in der Penguin Random House Verlagsgruppe GmbH – Übersetzung: Doris Heinemann.

S. 77: aus: Lorenz Marti, Eine Handvoll Sternenstaub, © 2014 Verlag Herder GmbH, Freiburg i. Br.

S. 89: aus: Friedrich Weinreb, Innenwelt des Wortes im Neuen Testament. Eine Deutung aus den Quellen des Judentums, © Verlag der Friedrich Weinreb Stiftung, Zürich, 2012, S. 243–246.

S. 97: © Max Feigenwinter, https://www.maxfeigenwinter.com.

S. 131: aus: Hilde Domin, Bitte, Gesammelte autobiographische Schriften © 1993, S. Fischer Verlag GmbH, Frankfurt am Main, 3. Auflage 2006.

Bildnachweise

Nachfolgende Bilder befinden sich in Privatbesitz: Der Mensch – ein Gedanke Gottes, In jedermann ist etwas Kostbares, Gott will im Dunkel wohnen, Der Weg zu allem Großen geht durch die Stille, Was gibt Halt?, Geliebt vor jeder Leistung, Verwundet. Geheilt?, Einmalig im ganzen Kosmos, Komm doch!, Nur Mut!, Unter Deinen Flügeln finde ich Schutz, Hab keine Angst!, Durch Liebe und Leid zur Vollendung.

Fotos der Abbildungen: Andreas Beer (Redakteur, Stabsstelle Unternehmenskommunikation, Schwestern der heiligen Maria Magdalena Postel).

Fotos in den „Autobiografischen Notizen": privat – Sr. Maria Ignatia Langela SMMP

Dank

Beim Schreiben der biografischen Notizen wurde mir klar, dass mein erster Dank meinen Eltern gilt, die mir nicht nur das Leben, sondern auch eine befreiende Erziehung geschenkt haben, ohne die dieses Buch nicht entstanden wäre. In ähnlicher Motivation liegt mein Dank an meine geistlichen Begleiter Stephan Röder, Thomas Gerner und Ralf Miggelbrink, die mir in den letzten 30 Jahren geholfen haben, immer wieder in die Spur meiner Berufung und meiner Prinzipien zurückzufinden. Dankbar bin ich auch meiner Ordensgemeinschaft, die mir einen Freiraum – räumlich und zeitlich – zugestanden hat, in dem ich meine Ideen verwirklichen konnte, was ich durchaus nicht für selbstverständlich halte. Insbesondere bin ich dankbar für das fast blinde Vertrauen von Sr. Pia Elisabeth Hellrung in meine seinerzeit noch kaum erkennbaren malerischen Fähigkeiten.

Prof. Dr. Ralf Miggelbrink danke ich sehr für das persönliche Vorwort, Alena Hilgenberg für ihren Bericht über unsere Begegnung und Pfarrerin Christina Bergmann für ihre Ermutigung zu diesem Buch, ihre Redaktionshilfe und die Übertragung von Psalm 91.

Dank und Ehre dem großen Creator, der möchte, dass wir unser Leben zu einem Kunstwerk der Freude formen!

Autobiografische Notizen

Ich stelle meinen Koffer ab und schaue mich um. Vor der Wand steht ein kleiner Tisch. Ohne zu überlegen stelle ich ihn kurzerhand vors Fenster. Das war 1970, zu Beginn meiner Referendarzeit, als ich bei unseren Schwestern im Krankenhaus in Herten wohnte. Zwanzig Jahre später musste ich ins Sekretariat der Schulleiterin der Engelsburg in Kassel umziehen. Der große Bürotisch stand mitten im Raum, sodass die Direktorin den Eintretenden sofort anschauen konnte. Wieder war mein erster Impuls: Wie aufwendig ist es, die Kabel so zu verlegen, dass mein Blick nach draußen nicht durch eine Wand oder ein Möbelstück blockiert ist? Auch im Augenblick sitze ich frontal vor dem Fenster … Erst im Laufe der Zeit ist mir aufgegangen, dass offensichtlich die Landschaft meiner Heimat mein Denken geprägt hat, die Weite der Wiesen und Felder.

Mein Elternhaus

Nach den Hausaufgaben kurz aufs Fahrrad steigen und nach Holland fahren, war für uns Kinder ein Alltagsvergnügen. „Sollen wir etwas mitbringen?", wurde schnell gefragt, und dann war es klar, dass wir versuchten, ohne Zoll die Grenze zu passieren – eine vielleicht etwas fragwürdige Erziehung zu lebenstüchtigen Menschen. Aber wir mussten ja sparen; in unserer großen Familie mit acht Kindern fehlte es immer an Geld. Gewaschen haben wir uns an einer Pumpe mit kaltem Wasser, und gebadet wurde in einer Zinkwanne; eine einzige Füllung mit warmem Wasser reichte für uns alle. Kneipp und Umweltschützer hätten ihre wahre Freude daran gehabt. Bis heute liebe ich den Luxus der Einfachheit. Wer kann sich den schon in unserer Gesellschaft erlauben? In klösterlicher Tradition sprechen wir vom Gelübde der Armut.

Unsere Familie 1977, rechts oben mein 1956 verstorbener Bruder

Nach einer schrecklichen Bombennacht bin ich am 25. Januar 1945 geboren und, da der Kirchturm getroffen war, wurde das Baby schon nach wenigen Tagen zur Taufe in die Kapelle des Schwesternhauses gebracht. Nicht auszudenken, wenn es bei einem weiteren Angriff als Heidenkind gestorben wäre!

Ja, das Umfeld meines Elternhauses war dörflich-kleinbürgerlich. Im Prinzip waren alle katholisch. Sonntags in die Kirche zu gehen war selbstverständlich, natürlich auch zur Christenlehre. Die Maiandachten habe ich eher als Möglichkeit in Erinnerung, Freund:innen zu treffen. Im Oktober beteten wir den Rosenkranz, manchmal kniend in unserer großen Küche. Zum Glück wurde nicht, wie ich das oft

Das erste Foto von mir (etwa 4 Jahre)

von Gleichaltrigen höre, das Bild eines strafenden Gottes in meine Kinderseele gelegt.

Dörflichkleinbürgerlich heißt aber durchaus nicht geistige Enge! Im Gegenteil. Von unserem Vater habe ich meine Liebe zum Philosophieren. Während der Arbeit konnte er tiefe Gedanken über Leben und Tod äußern. Einfach so. Bis heute habe ich große Ehrfurcht vor Menschen mit einer nicht einstudierten Alltagsweisheit; ihre Freude am Denken in nicht ausgetretenen, vorgedachten Wegen inspiriert mich. Unsere Lebensprinzipien waren weniger reflektiert als pragmatisch, geboren in der Tiefe des Herzens. Eines Tages ging ich nach der Schule mit meinem Vater aufs Feld. Ich war tieftraurig, weil Mitschüler mich verletzt hatten; wodurch, das weiß ich nicht mehr. Ich erzählte meinem Vater davon. Er schwieg, während ich mit gesenktem Kopf neben ihm hertrottete. Dann: „Kind, go gerade ut." Und schweigend ging er weiter. Ich bin sicher: Wenn er mir gesagt hätte „Nec laudibis nec timore" und kluge Kommentare hinzugefügt hätte, dass ich mich weder durch Lob noch durch Menschenfurcht beeinflussen lassen solle, wäre mir diese Weisung nicht immer wieder in meinem Leben präsent – anlassbedingt oder ganz spontan in Gesprächen.

Auf der gleichen Linie liegt die Freiheit, in der wir aufwachsen durften. Kaum etwas wurde verboten, aber wir mussten Verantwortung für unsere Entscheidungen übernehmen. Wir durften z. B. bis morgens feiern; keiner kontrollierte uns. Aber am nächsten Morgen hätte ich nicht gewagt, den Bus um 7:01 Uhr ohne mich zur Schule fahren zu lassen. Niemals wurde Leistungsdruck auf uns ausgeübt. Als ich einmal Angst vor einer Lateinarbeit hatte, sagte meine Mutter: „Kind, wenn du es nicht schaffst, ist das nicht schlimm. Du musst ja nicht aufs Gymnasium gehen." Eng damit verbunden war die allgegenwärtige Ermutigung, einfach Dinge auszuprobieren. Später habe ich erkannt, dass darin etwas Ignatianisches lag. Als ich im Jahr 2000 Exerzitien auf den Spuren des Ignatius gemacht habe, fiel mein Blick auf den Schriftzug *„Pour-quoy-non" (Warum nicht?)*. Das pflegte Ignatius zu sagen, statt Bedenken und Gegenargumenten einen übermäßigen Raum zu geben, wenn ein Mitbruder einen überraschenden Vorschlag machte.

Als ich im 4. Schuljahr war, sagte meine Klassenlehrerin: „Irmgard – so war mein bürgerlicher Name –, geh bitte nach Hause und sag deinen Eltern, du sollst aufs Gymnasium gehen." Also ging Klein-Irmgard nach Hause … Zuerst traf ich meinen Vater. Er ging an den Küchenschrank, in dessen Schublade das Haushaltsportemonnaie lag, öffnete es: „Ob wir das wohl bezahlen können?" Die Monatsfahrkarte kostete damals 4,95 DM, wenn ich mich recht erinnere, und das Schulgeld 10 DM. Außerdem war es eher unanständig, dass Mädchen aufs Gymnasium gingen. „Soll deine Tochter nicht arbeiten?", hat ein Nachbar zu meinem Vater gesagt.

Nach sechs Jahren mussten wir Mädchen das altsprachliche Gymnasium in Borken verlassen. Die Jungen durften als dritte Fremdsprache zwischen Griechisch und Französisch wählen. Den Mädchen wurde diese schwere Entscheidung abgenommen; wir wurden in Französisch eingeteilt. Bis heute kann ich mir nicht verzeihen, dass wir uns dagegen nicht gewehrt haben. Statt täglich 2 x 8 km musste ich nun 2 x 25 km mit dem Bus nach Ahaus fahren. Viel einschneidender war, dass ich mich in ein völlig neues Schulsystem einarbeiten musste. Und: Auf der reinen Mädchenschule fehlten die Jungen!

Am Tag meines Eintritts 1964
(mit meinem Patenkind)

Ich muss etwa 12 gewesen sein, als ich zum ersten Mal den Gedanken hatte, als Ordensfrau zu leben. Eine alte Lehrerin, unverheiratet natürlich und in Schwarz gekleidet, hatte mich gebeten, ihr bei der Verteilung einer Missionszeitschrift zu helfen. Ich war fasziniert von der Universalität der katholischen Kirche und dem selbstlosen Einsatz von Ordensleuten für die Botschaft des Evangeliums. Es mag auch eine Rolle gespielt haben, dass ich gerade erst den Tod meines 20-jährigen Bruders verkraften musste. Damals war es üblich, dass die Verstorbenen zu Hause aufgebahrt wurden. Mit tiefsinnigen Gedanken bin ich nachts um den Sarg geschlichen. Ganz allein.

In der Nacht vom 6. auf den 7. Juni 1963 habe ich mich entschieden, ins Kloster zu gehen; ich war in der Oberprima und im Franz-Hitze-Haus in Münster zu einem Wochenendkurs. In schlaflosen Stunden wurde mir zunehmend klar, dass ich meiner Berufung folgen *musste*, wollte ich mir innerlich treu bleiben. Kurz nach dem Abitur bin ich in die Gemeinschaft der Schwestern der hl. Maria Magdalena Postel eingetreten.

Nach dem Noviziat, das ist eine Probezeit ohne Versprechen, beauftragte mich die Ordensleitung, Mathematik und Physik zu studieren. Das habe ich als Zumutung empfunden. Aber weil ich eine gute Ordensfrau sein wollte, habe ich mich mit allen Kräften bemüht, das grottenschwere Studium erfolgreich zu absolvieren. Meine Erste Staatsarbeit habe ich in Theoretischer Physik geschrieben und nach acht Semestern mein Examen abgelegt.

Nach meinem Referendariat in einem staatlichen Naturwissenschaftlichen Gymnasium in Herten (1970–1972) wurde ich an die

Im Studium, 1968

In Israel, 1979

Abschied von der Engelsburg, 2006

Engelsburg in Kassel versetzt. Gern erinnere ich mich an Unterricht und diverse Aufgaben, besonders an sechs Fahrten nach Israel mit Schüler:innen der Oberstufe, an Erfahrungen, die bis heute nachwirken, z. B. in meiner Initiative einer interreligiösen Meditation.

Von 1975 bis 1990 als Stellv. Schulleiterin und von 1990 bis 2006 als Schulleiterin hatte ich die wunderbare Aufgabe, mit einem engagierten Kollegium eine christliche Schule zu gestalten und zu profilieren. Bis, ja bis mich so etwas wie eine zweite Berufung packte: Bei einer Begegnung sozusagen *en passant* erfuhr ich, dass die Schulstiftung in Magdeburg seit drei Jahren vergeblich versuche, für das Gymnasium in Halle an der Saale eine Schulleitung zu finden. In mir entstand eine herausfordernde Vorstellung: Eine christliche Schule in einem weitgehend nicht-christlichen Umfeld (3 % Katholiken, 6,7 % evangelische Christen, also 90 % Nicht-Getaufte) ohne Leitung! „Soll ich denn kommen?", fragte ich spontan. Inneren und äußeren Impulsen zu folgen, mich führen zu lassen, ist zu meinem Lebensprinzip geworden. Das Wort des hl. Ignatius „Nichts suchen und nichts verweigern" ist für mich in den fast 60 Jahren meines Ordenslebens der Kern des Gehorsamsgelübdes. Zu horchen, was ein Mensch, eine Situation, ein Erlebnis mir sagt, und mich dann zu fragen: Gibt es einen *guten* Grund, *einen* guten Grund, es nicht zu tun? Wenn nicht, es einfach tun! Die Faszination des klösterlichen Gehorsams hat mich immer wieder in eine ungeahnte Weite geführt. Nie wäre ich selbst auf die Idee gekommen, die letzten vier Jahre meiner Dienstzeit als Schulleiterin in Halle zu verbringen, den Freund einer meiner Schülerinnen und den Ehemann einer Kollegin zu beerdigen, Gottesdienste für eine goldene und diamantene Hochzeit zu halten, ein großformatiges Bild für mein Wohnzimmer zu malen, ein Buch zu schreiben …

Ich stand in der Tür zu meinem Wohnzimmer in Halle und stellte fest: Ich habe kein Bild mehr für die leere Wand. „Dann musst du eben selbst malen", hörte ich. Gibt es einen guten Grund dagegen? Nein. Meine Nichte Andrea kam per Zug von der holländischen Grenze. Sie brachte Pinsel und Farben mit, führte mich in die Acryltechnik ein und leitete mich an, meine Ideen umzusetzen. Von 15:30 Uhr nachmittags bis 3:00 Uhr morgens – ihre Fahrkarte war zuggebunden – habe ich gemalt. Wie im Rausch. In dieser Nacht habe ich keine Minute mehr geschlafen, und es entstanden in mir Motive für drei weitere Bilder. Schon in der Schule habe ich mich für Kunst interessiert. Aber zunehmend verstehe ich: 40 Jahre habe ich Vaters Seite gelebt. Als Kinder hörten wir immer mal: „Ach, du bist eine Langela? Euer Papa ist der beste Rechner des Dorfes." Diese Fähigkeit war für ihn als Viehhändler wichtig! Es gab ja noch keinen Taschenrechner.

Und wir Kinder waren stolz auf ihn. Rechnen kann ich bis heute noch nicht gut, aber eine gewisse mathematische Begabung könnte in meinen Genen zu finden sein. Ich habe das Gefühl, dass ich nun in den Jahren nach meiner Pensionierung Mutters Seite leben darf. Mutter erzählte ab und zu von ihrer poetischen Ader seit der Grundschule, und bis heute höre ich sie bei der Arbeit singen. In der Regel emotionale Heimatlieder und melancholische, mindestens zehn Strophen lange Kriegslieder von Abschied und Verlust. Dass sie gut malen konnte, ist mir nicht bekannt.

Dass meine Bilder an einigen besonderen Orten hängen, ist eine große Freude für mich: in einem Meditationszentrum; in einer Heilpraxis und in einer Praxis für Homöopathie; im Büro einer Ärztin, die spezialisiert ist auf Hirnoperationen bei Kindern; im Wohnbereich einer Yoga-Lehrerin. In verschiedenen Kontexten haben Gruppen unter meiner Anleitung Bilder für einen Kindergarten, ein Krankenhaus, ein Altenheim und eine Senioren-WG gemalt, z. B. Mitarbeiterinnen des St. Gertrudis Hospitals in Herten-Westerholt im Rahmen von Besinnungstagen *Asche wird zum Hoffnungsbild*. Der Krankenhausseelsorger hat gewünscht, dass es in der Fastenzeit als Hungertuch in der Kapelle hängen solle.

*„Asche wird zum Hoffnungsbild"
Mitarbeiterinnen des St. Gertrudis Hospitals
in Herten-Westerholt*

Immer wieder darf ich erleben, dass Bilder eine starke Resonanz in Gästen erzeugen. Natürlich kann das Bild dann erworben werden. Manchmal springt aber auch ein Funke über. So vor Kurzem bei einer Besucherin: *„Seit einem Jahr besuche ich nun einmal im Monat Klöster, um Stille Tage zu machen. Im Kloster Bestwig stechen mir sofort die Leinwände auf meinem Zimmer und in den öffentlichen Räumen ins Auge. Ich fühle, wie sie meine Aufmerksamkeit anziehen, und betrachte sie. Bei einigen inspiziere ich das Material, bei anderen lasse ich mich von der angewandten Technik inspirieren, bei einigen lasse ich das Dargestellte auf mich wirken.*
Die Gespräche mit Sr. Maria Ignatia, die eine starke Ausstrahlungskraft hat und Leidenschaft für das Malen versprüht, sind so inspirierend für mich, dass ich die Zeit völlig vergesse. Sie beschreibt ihren Weg zur Kunst, die Entstehungsgeschichten hinter einzelnen Motiven, und ermutigt mich dazu, mich auch auf den Weg zu machen. Und so fahre ich mit vielen kreativen Ideen und einer neuen Begeisterung für die künstlerische Gestaltung nach Hause.
Es vergehen drei weitere Monate, in denen ihr Angebot, eine kreative Auszeit bei ihr zu machen, nie aus meinem Kopf verschwindet. Im April 2022 ist es dann so weit, und ich komme ein zweites Mal

Das Bild als Hungertuch in der Kapelle

ins Kloster Bestwig. Sr. Maria Ignatia wartet schon auf mich, begrüßt mich freundlich und nimmt mich mit. In dem Werkraum darf ich an der Entstehung ihres neuen Kunstwerkes „Trau der Kraft des Herzens" (S. 144) teilhaben. Während sie Stück für Stück mit Pinsel, Farbe und anderen Werkzeugen hantiert, mache ich mir fleißig Notizen. Den Entstehungsprozess des Bildes miterleben zu dürfen, war und ist für mich ein großes Privileg.

Ihre zielstrebige und doch offen-spontane Herangehensweise an die Kunst sowie das Zusammenspiel von Tiefgründigkeit in Bedeutung und Leichtigkeit im Entstehen haben mich fasziniert. Doch nicht nur ihr Können bleibt mir in Erinnerung – sondern auch ihre Wertschätzung und einladende Haltung mir gegenüber." (Alena Hilgenberg)

Ich wünsche mir auch im Alter Freude an der stillen Kraft des Lebendigen, des Dynamischen, der Liebe und der Freiheit.

Sr. Maria Ignatia Langela SMMP

Ja, es ist möglich, das eigene Leben
zu einem Kunstwerk der Freude zu formen.
Ja, es ist möglich, seine tiefsten Herzenswünsche
als Erfahrung zu erleben.
Ja, es ist möglich, in jedem Augenblick des Lebens
eine Kehrtwendung zu machen.
Eine Wendung hin zu sich selbst und zu dem Himmelreich,
dem unendlichen Potenzial in uns.
Ja, das ist möglich.

Rainer Maria Rilke

Trau der Kraft des Herzens, 2022